혜세처럼

Hermann Hesse

꼭 한번 따라 쓰고 싶은 헤세의 문장들

헤세처럼

김빛나래 편역

GBB 가위바위보

들어가는 말

내 삶을, 헤세처럼

《헤세처럼》은 그의 위대한 문학작품 속 명문장을 가려 뽑아,
하루 10분 헤세를 만나는 필사책입니다.
헤세는 독서와 삶의 체험을 통해 서양문학과 니체 철학, 신학,
동양사상을 자연스럽게 조화시키면서 통합한 작가입니다.
작품 속에서 밝은 세계와 어두운 세계, 선과 악, 정신과 경험,
외면과 내면 등 이원론적인 자아와 세계관이 대립과 갈등을 하지만,
결국 인물의 체험과 인식의 과정을 거쳐 더 큰 세계로 확장됩니다.
그가 작품에서 끝까지 추구한 것은 자아를 찾고 자신을
실현하는 것이었습니다.

거장들이 남긴 문학작품에는 위대한 문장들이 가득합니다.
필사하는 이유는 헤세가 남긴 한 문장 한 문장의 의미,
겉으로 드러나지 않는 내용,
암시하는 내용을 가슴에 새기기 위함입니다.
필사하기 전에 힘을 빼고 문장을 소리 내어 읽으면서
문장의 리듬감을 느껴보세요.
거창한 감정이 아닌,
간파하기 어려운 감정이 무엇인지 느껴보세요.
단어의 뉘앙스도 가늠해보고,
여러분 스스로 해석의 길을 찾아가 보세요.
단어와 단어, 문장과 문장 사이의 보이지 않는 긴장.
거기에 귀를 기울이며 필사해보세요.
그곳에 헤세가 기다리고 있을 것입니다.

나를 부르는
영혼의 소리

무엇을 찾는 데 많은 시간을 들였다고 해서 가치가 있는 게 아니다.
찾기 힘든 것을 발견하려는 노력 자체가 소중한 것이다.

인간의 삶은 자기 자신에게 도달해가는 여정이다.

그것은 길을 찾으려는 시도이자

좁다란 길의 윤곽을 그려보는 일이기도 하다.

그 누구도 완전하게 자기 자신이 되어본 적은 없다.

그럼에도 누구나 자기 자신이 되려고 애를 쓴다.

어떤 이는 흐릿하게,

어떤 이는 분명하게

자신만의 방식으로 노력한다.

데미안

나는 늘 나에게 몰두했고

나 자신과 함께했다.

이제 나는 내 안에서

세상 밖으로 나오려는 그 무언가를 내보내,

세상과 관계를 맺고

싸워보는 삶을 살아보기를 간절히 원하고 있다.

데미안

11

너한테는 정신과 본능,

의식과 꿈의 세계가 크게 대립하고 있어.

너는 유년 시절을 잊어버렸지만,

네 영혼 깊은 곳에서는

그 기억을 그리워하고 있지.

네가 영혼의 소리에 귀 기울여

그 기억을 찾지 않는다면

오랫동안 괴로워하게 될 거야.

나는 아버지뿐만 아니라 그 누구에게도 어떻게 해서
내게 그런 변화가 일어났는지 설명하고 싶지 않았다.

나의 변화가 부모님이나 선생님의 바람과 일치한 것은
그저 우연이었다.
그 변화는 나를 다른 이에게 이끌지도 않았고,
누군가를 나에게 더 가까이 다가오게 만들지도 않았다.
다만 나를 더 고독하게 만들었을 뿐이다.

그것은 어딘가로, 데미안에게로,
먼 곳의 운명에게로 향하고 있었다.
그곳이 어딘지 전혀 알 수 없었다.
내가 그 한가운데에 있었으니 말이다.

데미안

나는 그저 내 마음이 원하는 대로
살아보려고 했을 뿐이다.

그것이 왜 그리도 어려웠을까?

데미안

17

적당한 순간에 바라보면

모든 것이 아름다워.

크놀프

어려움에 빠져 길을 잃어서

바로잡아야 할 때일수록,

사람들은 올바른 길로 가도록

도움을 받는 것에

심한 거부감을 갖기 마련이야.

유리알 유희

어떤 것이 진리인지,
어떻게 삶을 살아가야 할지는
각자가 스스로 깨달아야지
책에서 배울 수 있는 것은 아니네.

크놀프

그래도 그 아이들은 뭔가를 했잖아,
뭔가 해낸 거지.
아이들은 주저하지 않고 도약했어.
그런 일에는 용기가 필요해.

우리는 부지런하고
인내심과 이성을 갖고 있지만,
아무것도 하지 않았어.
우리는 도약하지 않았다고!

유리알 유희

자네는 세상 밖이 어떻게 돌아가는지 전혀 모르고 있어.

그저 일과 불행한 결혼생활에 집착하며 파묻혀 있지.

모든 것들로부터 한 걸음 물러나보게.

그러면 아름다운 것들로 가득 찬 세계가

자네를 기다리고 있다는 걸 알게 될 걸세.

로스할데

자식에 대한 어머니의 맹목적인 사랑,

자만심이 강한 아버지가 외아들에게 갖는 미련하고

어리석은 자부심,

보석과 남자들의 감탄스러운 시선을 갈구하는

여인들의 거친 욕망,

이 모든 충동들, 어린아이 같은 단순하고 어리석은 짓들,

그렇지만 섬뜩하도록 강렬하고 질긴 생명력을 지닌,

강하게 침투해 있는 충동과 탐욕이

싯다르타에게는

더 이상 유치한 짓으로 여겨지지 않았다.

사람들은 바로 그런 것들 때문에 살아가고,

끝없이 성취하려 하고, 방랑하고, 전쟁을 일으키며,

끝없이 견디고 고뇌한다는 것을 알게 되었기 때문이다.

싯다르타

내가 관심을 갖는 건 인생에서

내 자신에게 도달하기 위해

내딛은 발걸음뿐이다.

처음으로 나는
죽음의 쓰디쓴 맛을 맛보았다.
죽음은 탄생이며,
새로운 삶에 대한 불안과
공포였기 때문이다.

데미안

두 사람이 아주 가까운 관계라 해도

그 사이에는 항상 심연이 입을 벌리고 있으며,

그것은 오직 사랑으로 힘겹게 건너갈 수밖에 없음을

나는 그때까지 경험하지 못했다.

크눌프

불행하다는 것은 부끄러운 일이야.

자신의 삶을 어느 누구에게도 보여주지 않고

뭔가를 은폐하고 꾸미려 한다는 것은

수치스러운 일 아니겠는가.

로스할데

그의 길은 원을 그리며 나아갔다.

그 길은 똑바로 뻗어 있지 않고

항상 타원이나 나선을 그리고 있었다.

직선은 기하학에나 맞을 뿐

자연이나 삶에는 어울리지 않았다.

유리알 유희

지치지 않도록 하게.

그렇지 않으면
수레바퀴 밑에 깔리고 말 테니까.

수레바퀴 아래서

둘은 서로의 얼굴을 바라보았다.
아마 그 순간 처음으로 상대의 얼굴을
진지하게 들여다봤을 것이다.

그들은 젊고 말쑥한 표정 뒤에 각자의 특별한 인생과
고유한 영혼이 깃들어 있을 거라고 상상했다.

수레바퀴 아래서

한번은 어떻게 그렇게 병약한 몸으로

잘 견뎌낼 수 있는지 그에게 물었다.

"간단해요." 그는 상냥하게 웃으며 말했다.

"그건 나와 질병과의 끝없는 전투예요.

내가 전투에서 한번 이겼다가 금방 또 지기도 하지요.

그렇게 우리는 계속 싸워요.

때때로 휴전을 맺고 매복하며 감시하다가

한쪽이 공격을 시작하면 전투가 다시 시작되곤 한답니다."

페터 카멘친트

그 무렵 나는 독특한 피난처를 발견했다.

사람들이 말하는 '우연'을 통해서였다.

하지만 우연이란 존재하지 않는다.

만약 누군가 간절하게 원했던 것을 찾게 된다면

그건 우연이 아니다.

자신의 열망과 필요가 그리로 이끈 것이다.

데미안

나는 고뇌와 좌절과 우울이

우리를 망치고 가치 없게 만들기 위해서가 아니라,

우리를 성숙시키고 아름답게 만들기 위해

존재한다는 것을 이해하기 시작했다.

페터 카멘친트

나는 꿈속에서 살고 있었다.

점점 더 현실보다 꿈속에서 살아가고 있었다.

나는 그림자에게 힘과 삶 자체를 빼앗겨버렸다.

데미안

사랑은 우리를 행복하게 만들기 위해
존재하는 건 아니에요.
우리가 슬픔과 인내를 얼마나 견딜 수 있는지
알려주기 위해 있는 거예요.

페터 카멘친트
53

우리는 가까워질 수 없어.

해와 달이나 바다와 육지가 가까워질 수 없듯이,

우리 두 사람은 해와 달, 바다와 육지처럼 떨어져 있는 거야.

우리의 목표는 서로의 세계 속으로 들어가는 게 아니야.

서로를 인식하고 상대를 존중하며 알아가는 거지.

그렇게 해서 서로 대립하면서 보완하는 사이가 되는 거야.

나르치스와 골드문트

습관이 아닌 오로지 자유의지로 사랑과 존경을 하고

진심으로 제자이자 친구가 된 곳,

바로 그곳에서 우리의 마음이 멀어지고 있음을 깨닫게 되면

몹시 쓰라린 고통의 순간이 찾아온다.

데미안

삶은 성찰에 관계없이,
성찰을 무시하고 지나가버린다 해도
진솔한 결단과 생각은 영혼에 기쁨을 남기고,
바꿀 수 없는 운명을 견디는 데 도움을 준다.
내가 느낀 것은 나에게 무슨 일이 닥치든
상관없다는 것을 깨닫고 받아들인 뒤부터
인생은 내게 부드러워졌다는 것이다.

게르트루트

59

나의 인생을 객관적으로 바라보면 특별히
행복해 보이지 않는다.
그렇지만 시행착오를 숱하게 겪었음에도 불구하고
불행했다고 말하기는 어렵다.

어쩌면 행복했는지 불행했는지 따져보는 것은
아주 어리석은 짓일 것이다.

나에게는 삶의 즐거웠던 모든 순간들보다
불행했던 날들을 버리는 것이 더 어려운 일이다.

만약 인간의 삶에서 불가피한 운명을 받아들이고,
선과 악을 제대로 맛보고,
외적 운명과 함께 내적 운명,
우연이 아닌 본래의 운명을 정복하는 것이 중요하다면,
내 삶은 초라하지도 나쁘지도 않았다.

게르트루트

가야만 하기 때문에,

나를 부르는 소리가 들리기 때문에 가는 거야.

그래야만 한다는 느낌이 들기 때문에,

오늘 놀라운 경험을 했기 때문에 기꺼이 떠나는 거야.

그렇지만 큰 행운과 기쁨이 있을 거라고는 생각하지 않아.

아마 힘든 여정이 되겠지.

그렇지만 멋진 길이 되기를 바라고 있어.

나르치스와 골드문트

익숙한 세계가 낯설게 느껴지다

그렇게 찾는 삶의 의미와 참된 실재는 우리가 모르는 어딘가에 숨겨져 있지 않다.
지금 이 순간의 삶 속에, 삶의 모든 현장 속에 생생하게 살아 있다.

신은 우리를 죽음에 이르게 하기 위해서가 아니라,

우리 안의 새로운 생명을 소생시키기 위해

절망을 보낸 것이다.

유리알 유희

67

그 누구도 두려워해서는 안 돼.

만약 누군가가 두렵다면,

그건 네가 그 사람에게 그럴 만한 힘을 쥐어줬기 때문이야.

가령 네가 나쁜 짓을 저질렀고 그걸 상대방이 알게 된다면,

그 사람은 너를 지배할 힘을 갖게 되는 거야.

데미안

모든 사람은 저마다 영혼을 가지고 있어.

하지만 다른 누군가의 영혼과 섞일 수는 없어.

두 사람은 서로에게 다가갈 수 있고,

마주 보고 이야기를 나눌 수도 있으며,

서로의 곁에 머무를 수도 있지.

하지만 영혼은 꽃들처럼 각자의 자리에

뿌리를 내리고 있어서 다른 이에게 갈 수 없어.

만일 다가가려 한다면 자신의 뿌리를 뽑아야만 해.

하지만 그것은 불가능한 일이야.

꽃들은 서로에게 다가가고 싶어

향기를 전하고 씨앗을 뿌리지만,

씨앗이 적당한 자리에 떨어지도록 할 수 있는 힘은 없어.

그건 이리저리 부는 바람만 할 수 있는 일이야.

크눌프

우리는 말을 너무 많이 해.

그런 젠체하는 말들은 아무 의미가 없어,

전혀 없다고.

자기 자신에게서 멀어질 뿐이야.

자신으로부터 멀어지는 건 죄악이야.

우리는 자기 자신 속으로

깊이 파고들어 갈 수 있어야 해.

마치 거북이처럼 말이야.

데미안

운명과 기질은
동일한 개념의 다른 이름이다.

밤에 어디선가 벌어지는 불꽃놀이만큼 멋진 것은 없어.
청색과 녹색의 조명탄이 어둠속에서 솟구쳐 올라
가장 아름다운 순간에 작은 곡선을 그리며 사라져버리잖아.
그 광경을 보고 있노라면 즐거우면서도
곧 사라져버리는 것에 대해 두려움을 느끼게 돼.

이 두 감정은 서로 연결되어 있어서,
오래 지속되는 것보다 훨씬 아름답게 느껴지게 해.

크눌프

우연한 일들이 우리에게 장난을 치지만,

우리 인간에게는 자비와 이성이 존재한다.

단지 순간일지라도 우리는 운명보다 강해질 수 있다.

그리고 서로를 이해의 눈길로 바라볼 때

우리는 서로에게 가까워질 수 있다.

또한 서로 사랑할 수 있으며

서로 위로하며 살아갈 수 있다.

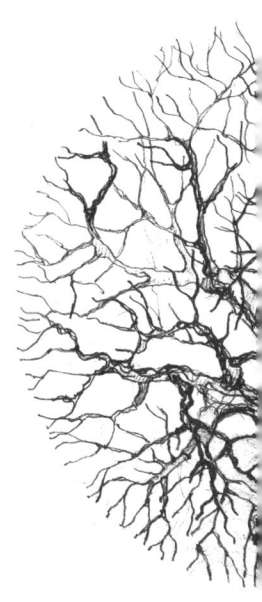

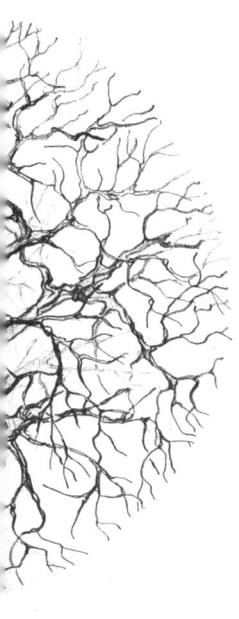

게르트루트

처음으로 실험하고

탐구하고 발견한다는 것,

그것은 정말 아름다운 일이야.

로스할데

나는 네가 더 똑똑하거나 어리석다는 것도 아니고,
네가 더 낫다거나 못하다는 것을 이야기하는 게 아니야.
단지 네가 나와는 다르다는 것을 이야기하는 거야.

나르치스와 골드문트

글을 쓰는 것은 좋은 일이나,
사색하는 것은 더 좋은 일이다.
영리한 것은 좋은 일이나,
꾸준히 견디는 것은 더 좋은 일이다.

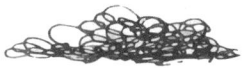

우리는 삶에서 청춘과 노년 사이에
경계를 정확하게 그을 수 있어.
청춘은 이기심이 없어지면서 끝나고,
노년은 이타적인 삶을 살면서 시작돼.
무슨 말이냐면, 젊은이들은 자신만을 위해 살기 때문에
인생에서 기쁨과 슬픔을 숱하게 겪는다는 뜻이야.
어떤 소망이든 어떤 생각이든 소중하고
저마다의 기쁨을 끝까지 즐기지만, 고통을 겪기도 해.
적지 않은 사람들이 소망을 이루지 못하면
자신의 삶을 바로 포기해버리기도 하지.
이런 것이 청춘이야.
하지만 대부분의 사람들에게는
자신만을 위해서가 아니라
남을 위해 살게 되는 시기가 찾아와.
도덕에 의해서가 아니라 아주 자연스럽게 말이야.

게르트루트

네가 언젠가 크로머나 다른 것과 대립할 때
내가 필요할지도 모르지.
그때는 나를 불러도 말이나 기차를 타고 달려오지 않을 거야.
그럴 때는 네 마음 깊은 곳에 귀 기울여 봐.
내가 네 안에 있다는 것을 느끼게 될 거야.

데미안

이 돌은 돌이고, 동물이고, 신이고, 부처다.
내가 이 돌을 존중하고 사랑하는 이유는
언젠가 이런 것 또는 저런 것이 될 수 있기 때문이 아니다.
이미 오래전부터 항상 그 모든 것이기 때문이다.

우리가 어떤 사람을 싫어한다면,

그 사람 모습 속에 있는,

우리 자신에게도 있는 점을 싫어하는 거야.

우리 자신에게 없는 것은

우리를 자극하지 않는 법이거든.

데미안

그는 사랑했다.

그리고 사랑함으로써 자기 자신을 발견했다.

하지만 대부분의 사람들은

사랑을 하면서 자기 자신을 잃어버린다.

데미안

떠오르는 대로 아무거나 다 해도 된다는 말은 아니에요,
아니고말고요.

의미 있는 생각들을 떨쳐 내거나
도덕성에 어긋나지 않으려고
훼손해서는 안 된다는 거예요.

데미안

인간은 자기 자신과 하나가 되지 않을 때
두려움을 느끼지.
자신에 대해 한 번도 제대로 안 적이 없기 때문에
두려움이 생기는 거야.

데미안

믿지 않으면서 이루어지길 바라면 안 돼요.

나는 당신이 무엇을 원하는지 알아요.

당신은 그 바람을 완전히 포기하든지,

아니면 제대로 바라야 해요.

성취될 거라 확신하면서 제대로 염원한다면 이루어질 거예요.

하지만 당신은 바라면서도 또 후회하고 두려워하고 있어요.

그것들을 모두 극복해야 해요.

그도 알고 있었다.

우정 때문에 상실했거나 방해받았던 적이 없었다는 것을.

오히려 우정은 그가 놓쳤던 것들을 보상해주는 보물과 같았다.

그 보물은 의무에 충실했던 예전의 삭막한 삶과는

비교할 수 없을 만큼 고귀하고 뜨거운 삶이었다.

수레바퀴 아래서

가장 아름다운 것은 사람들로 하여금

기쁨뿐만 아니라

슬픔이나 두려움도 느끼게 하는 것이라고 생각해.

크눌프

사랑을 애원해서는 안 돼요.

강요해서도 안 되지요.

사랑은 스스로 확신할 수 있는 힘을 갖고 있어야 해요.

그러면 상대에게 끌려가지 않고 상대를 끌어당기게 돼요.

데미안

심사숙고해서 계획하는 것은 아무 의미가 없어.

사람들은 자신이 생각한 대로 행동하지 않고,

가슴이 시키는 대로 매순간

아주 경솔하게 걸음을 내딛는다고.

친구를 사귄다거나 사랑에 빠질 때는 그럴 수 있어.

하지만 결국에는 자신의 몫을 혼자서 짊어져야 해.

다른 사람과 나눌 수는 없는 거야.

크눌프

이러한 천성을 지닌 이들이 으레 그렇듯이
그 젊은 시인도 헤아릴 수 없는 우울증으로
괴로워하고 있었다.

그 우울증의 원인은
소년의 영혼과 조용히 이별하기 때문이기도 하며,
넘치는 힘과 예감과 욕망 때문이기도 하며,
어른이 되려는 이해할 수 없는 어두운 충동 때문이기도 했다.

수레바퀴 아래서

지금 서로 모른다는 건
앞으로 알게 될 수도 있다는 뜻이지요.
산과 골짜기는 가까이 다가갈 수 없지만,
사람은 가능하니까요.

지식은 전달할 수 있지만,

지혜는 그럴 수가 없네.

지혜를 발견할 수 있고,

체험할 수 있고,

지닐 수 있고,

지혜로 경이로운 일을 행할 수 있지.

하지만 지혜를 말하고 가르칠 수는 없다네.

싯다르타

나는 이런저런 것들을 상상할 수 있어.
… 하지만 그것을 실행에 옮길 만큼 원하는 게 강력하려면,
그 바람이 내 마음속에 온전히 존재하고,
그 바람이 내 존재 안에 가득 차 있어야 해.

그런 경우에 네 마음속에서 우러나온 명령을 실행한다면,
넌 잘 훈련된 말을 부리듯
네 의지를 다룰 수 있을 거야.

데미안

우리는 서로를 이해할 수 있다.
하지만 스스로의 의미를 해석하는 것은
자기 자신만이 할 수 있다.

데미안

예술은
영혼의 언어다

예술의 궁극적인 목적은
인생이 살 만한 가치가 있다는 것을 일깨워주는 것이다.

'금지된 것'은 영원한 게 아니야.

바뀔 수 있어.

… 무엇이 허락된 것이고

무엇이 금지된 것인지를

스스로 찾아야 해.

금지된 일을 한 번도 하지 않은 사람이라도

끔찍한 악인이 될 수 있어.

그리고 그 반대의 일도 일어날 수 있지.

… 스스로 생각하고 주체적으로 판단하는 데

나태한 사람은 금지된 것에

그냥 그렇게 순응하고 마는 거야.

데미안

내 목표는 나의 본성과 개성

그리고 재능을 가장 잘 펼칠 수 있는

터전을 찾아가는 거야.

그 외에 다른 목표는 없어.

나르치스와 골드문트

참된 유리알 유희자는,
잘 익은 과일이 달콤한 과즙으로 가득 찬 것처럼
명랑성으로 가득 차 있어야 하네.

무엇보다도 유리알 유희자는
음악이 가진 명랑성을 지니게 되네.

그것은 바로 축제에 제물을 바치듯,
세상의 공포와 화염 속으로
명랑하게 미소 지으며 걸어가
춤추는 용기와 다르지 않다네.

유리알 유희

음악이란 정신적인 진동이나
추상화된 음의 전개로만 이뤄지는 것이 아니다.

음악은 전 세기에 걸쳐 감각적인 것에서 생기는 기쁨과
숨을 내쉬고, 박자를 치고, 목소리들이 섞이고,
악기들이 합주될 때의 음색이나 마찰이나
자극에서 생기는 기쁨으로 이루어져 있다.

유리알 유희

훌륭한 화가들은 많이 있다네.
그들은 우아하고 섬세한 사람들이야.
현명하고 품위 있는 겸손한 노신사가
세계를 바라보듯이 그림을 그리지.

하지만 신선하고 야망에 찬 열정적인 소년의 눈으로
그림을 그리는 화가는 없어.
그렇게 해보려고 시도하는 이들은 보통
실력이 좋지 않은 기능공들이지.

로스할데

세상을 통찰하고 해석하고 경시하는 것은

위대한 사상가가 할 일이겠지.

그러나 나에게 중요한 것은 세상을 사랑하고

가볍게 여기지 않는 것이고,

세상과 나를 미워하지 않는 것이며,

세상과 나와 모든 존재를 사랑으로 찬미하며

경외심을 가지고 바라보는 거야.

싯다르타

명랑성이란 장난치거나 자신을 뽐내는 것이 아니라네.

그것은 최고의 깨달음이면서 사랑이라네.

진실에 대한 긍정이며,

심연과 낭떠러지의 끝에 서 있어도 깨어 있는 일이네.

그것은 성인과 기사의 미덕이지.

그것은 변하지 않으며,

나이가 들어 죽음에 가까워질수록 깊어지는 것이야.

아름다움의 비밀이며

모든 예술의 진정한 본질이라네.

유리알 유희

마음은 초조했지만 두려움은 없었다.

나는 내게 중요한 날이 시작되었음을 느꼈다.

주변 세계가 변하고 있다는 걸 보고 느꼈고,

나와 연관되기를 고대하고 있음을 느꼈다.

조용히 내리는 가을비도 아름다웠고 고요했다.

장엄하면서도 즐거운 음악으로 가득한 분위기는 축제일다웠다.

처음으로 외부 세계가 나의 내면세계와 완벽한 화음을 이루었다.

마치 영혼의 축제 같았고, 그때가 살 만한 가치가 있었다.

데미안

우리는 그 무엇도 두려워해서는 안 됩니다.
우리의 영혼이 바라는 것이라면,
그 어떤 것도 금지해서는 안 됩니다.

데미안

그가 복종해야 했던 대상은
스승도, 미래도, 궁핍한 생활도 아니었다.
예술 자체에 복종해야 했던 것이다.

나르치스와 골드문트

사람들이 우리를 필요로 하게 될 거야.
인도자나 입법자로서가 아니라,
운명이 부르는 곳으로 함께 가고
그곳에서 기꺼이 멈춰 설 준비가 된 사람으로서 필요한 거야.

봐, 모든 사람은 자신들이 추구하는 이상이 위협받으면
불가능한 걸 해낼 각오를 하게 돼.
하지만 성장을 위한 새로운 이상이,
어쩌면 위험하고 서늘한 움직임이 문을 두드리면
아무도 문을 열어주지 않지.

그때 소수의 사람만 그것을 받아들이지.
그게 우리가 되어야 해.

데미안

내 생각에는 길가에 핀 꽃이나 작은 벌레 한 마리가

도서관을 가득 채운 책들보다

더 많은 것을 이야기해주고

더 많은 의미를 담고 있는 것 같아.

글자나 낱말들로는 어떤 것도 표현할 수 없어.

나르치스와 골드문트

그는 어쩌면 모든 예술과

모든 정신의 근원은

죽음에 대한 두려움일 것이라고 생각했다.

나는 나무를 보며 마음속 깊이 감동했다.

나무들이 살아온 특별한 삶과

각자만의 독특한 모양과 가지를 만들어내는 것과

고유한 그림자를 드리우는 것을 보았다.

은둔자로서, 전사로서, 특히 높은 산에 사는 나무일수록

생존과 성장을 위해 바람과 날씨와 바위에 맞서

고요하고도 끈질긴 투쟁을 하고 있었다.

페터 카멘친트

149

영혼이 더럽혀지는 것보다

차라리 육체가

열 번 상하는 게 나아!

수레바퀴 아래서

세상이 죽음과 공포로 가득 차 있어서,

나는 마음을 달래려고 이 지옥 한가운데 피어 있는

아름다운 꽃을 꺾었던 거야.

쾌락에 빠져 잠시 공포를 잊을 수 있었거든.

그런다고 해서 공포가 사라진 건 아니었어.

그대로 남아 있었지.

나르치스와 골드문트

나에게는 위대한 시를 통해

오늘날의 사람들이 관대하고 말이 없는 자연의 삶에

가까워지고 사랑하도록 만들고 싶은 꿈이 있었다.

사람들이 대지의 심장소리를 듣는 법을 배우고,

보잘것없는 작은 운명의 압박감 속에서,

우리는 신이 아니며 저절로 생겨난 것도 아니고,

우주와 대지의 자손이며 일부라는 것을 잊지 않기를 바랐다.

페터 카멘친트

예나 지금이나 학자들은

새로운 술보다 오래된 포도주를 등한시한다.

반면에 예술가들은 부주의하게

많은 실수를 범하는 것 같아 보이나,

많은 이에게 위로와 기쁨을 선사한다.

이것은 비평과 창작, 학문과 예술 사이의 오랜 싸움이다.

이 싸움에서 과학은 특별한 노력 없이도 정당성을 인정받아왔다.

하지만 예술은 언제나 믿음, 사랑, 위로와 아름다움,

영원에 대한 예감의 씨앗을 뿌리고 좋은 땅을 찾아 일군다.

왜냐하면 삶은 죽음보다 강하고,

믿음은 의심보다 강하기 때문이다.

수레바퀴 아래서

나는 다시 그림을 그릴 거야.

당장 내일부터라도.

하지만 집과 사람, 나무는 이젠 그리지 않을 거야.

악어와 불가사리,

용과 보라빛 뱀 그리고 생성되는 모든 것,

변화하는 모든 것,

인간이 되려는 충만한 갈망과 별이 되려는 충만한 갈망,

완전한 탄생과 완전한 소멸,

온전한 신과 죽음을 그릴 거야.

클링조어의 마지막 여름

그는 가질 수 없는 것에 대한 갈망이 없었기에
괴로워하지 않았다.
예술에서 섬세하고 사욕 없는 기쁨을 느꼈으며
예술이 자신에게 주는 것 이상을 바라지 않았다.

… 하지만 나는 그처럼 되고 싶지는 않았다.
… 나의 작곡이 서서히 반향을 일으키기 시작하면서,
나는 내 안의 힘을 감지하기 시작했고 자만해졌다.
나는 사람들에게로 가는 어떤 다리든 찾아야 했다.
패배자로 머무르지 않고
그들과 어떻게든 함께 살아갈 방법을 찾아야 했다.
나에게 다른 길은 없었다.
그래서 음악이 나를 이리로 이끌어준 것일지도 모른다.
사람들이 나를 좋아하지 않을지는 몰라도
내 작품을 사랑하지 않을 수는 없을 것이다.

게르트루트

새로운 게 시작되었어.

옛것에 매달리는 사람들에게는

무시무시한 일이 될 거야.

데미안

자신에게 이르는 길

우리가 배움으로는 알 수 없는 참된 실재는 사물의 본질 속에,
또한 우주의 모든 곳에 있다. 나는 이것을 '궁극의 앎'이라고 믿고 있다.

새는 알에서 나오기 위해 투쟁한다.

알은 세계다.

태어나고자 하는 자는 세계를 깨뜨려야 한다.

새는 신에게로 날아간다.

그 신의 이름은 아브락사스다.

처음으로 이 세상이 그를 위해 열려 있었다.
열린 채로 기다리면서, 그를 받아들이고
그에게 기쁨과 슬픔을 안겨줄 준비를 하고 있었다.
그는 이제 창문을 통해 세상을 보던 학생이 아니었다.
이제 그의 방황은 집으로 되돌아가야만 끝이 나는
그런 산책이 아니었다.

이 거대한 세계는 이제 현실이 되었고,
그는 이 세상의 일부가 되었다.
그 속에 그의 운명이 놓여 있었고,
세상의 하늘은 곧 그의 하늘이 되었으며,
세상의 날씨가 그의 날씨였다.
이 거대한 세계에서 그는 작은 존재였다.

나르치스와 골드문트

수많은 이들이 우리의 운명인 죽음과
새로 태어남을 경험한다.
일생에 한 번뿐인 어린 시절이 삭아 천천히 바스러질 때
그 모든 익숙한 것들이 우리의 곁을 떠나려고 할 때
우리는 우주의 살인적인 추위를 느낀다.

이 절벽에 매달려 돌이킬 수 없는 과거와
잃어버린 낙원의 꿈에 고통스러워하며
집착하는 이들은 아주 많다.
잃어버린 낙원의 꿈은 꿈 중에서도
가장 나쁘고 잔혹한데도 말이다.

데미안

나의 문제가 모든 인간의 문제이며,
모든 삶과 사유의 문제라는 깨달음이
성스러운 그림자처럼 내게 드리워졌다.
그리고 나의 개인적인 삶과 견해가
위대한 사유의 영원한 흐름에
얼마나 깊이 관여하고 있는지 느껴지자,
두려움과 경외심이 곧 나를 엄습했다.

그 깨달음은 행복감을 주기는 했지만, 즐겁지는 않았다.
그것은 가혹했고 쓸쓸한 느낌이었다.
책임감을 가져야 하며, 더 이상 어린아이일 수 없으며,
홀로 자립해야 한다는 의미가 깃들어 있었기 때문이다.

데미안

우리는 그저 인간일 뿐이야.
각자가 하나의 시도이며 하나의 과정일 뿐이지.
그렇지만 각자가 완전한 곳으로 가야 해.
중심을 향해 가려고 노력해야지,
가장자리로 가려고 해선 안 된다네.

유리알 유희

소인배는 위대한 사람에게서
자신이 볼 수 있는 만큼밖에는
보지 못한다.

유리알 유희

177

나는 자아의 의미와 본질을 배우고자 했다.

나는 자아에서 해방되고 싶었고,

그 자아를 극복하고 싶었다.

하지만 자아를 극복할 수 없었으며,

단지 그것을 속이고 도망치고 나를 숨길 수 있을 뿐이었다.

싯다르타

우리는 인격의 경계를 너무 좁게 잡고 있어요!

우리가 개인의 것이라고 구분 짓고

다르다고 인식하는 것만을

우리의 인격이라고 여기지요.

하지만 우리 한 사람 한 사람은

세계를 이루는 모든 것으로 이루어져 있어요.

인생은 진지한 일들과 깊은 감동 곁에
가소롭고 우스운 일을 갖다 놓는 걸 좋아한다.

페터 카멘친트

경청하는 법을 가르쳐준 것은 강이었어요.

당신도 강으로부터 배우게 될 거예요.

강은 모든 것을 알고 있기에,

우리는 강으로부터 모든 것을 배울 수 있지요.

보세요, 당신은 이미 강으로부터 배웠어요.

아래를 향해 힘차게 나가는 것, 가라앉는 것,

깊은 곳을 찾아가는 것이 좋은 일이라는 것을요.

부유하고 명망 있는 싯다르타가 노 젓는 사람이 되리라는 것도,

박학한 브라만이 뱃사공이 되리라는 것도

강이 당신에게 말해주었지요.

당신은 다른 것들도 강으로부터 배우게 될 거예요.

싯다르타

진리는 분명히 존재한다네!
하지만 자네가 갈망하는
절대적이고 완전하고 지혜롭게 만드는
그런 가르침은 존재하지 않아.
완전한 가르침을 찾으려고 하지 말고
자네 스스로의 완성을 추구해야 하네.

신성은 개념이나 책 속에 있는 것이 아니라 자네 안에 존재해.
진리는 배우는 것이 아니라 경험해야 하는 것이네.

유리알 유희

우리는 우리와 자연 사이의 경계가 흔들리며

녹아버리는 것을 본다.

그리고 우리의 망막에 맺힌 모습이 외부에서 온 것인지,

아니면 마음에서 비롯된 것인지 판단할 수 없게 된다.

우리가 얼마만큼 창조자다운지,

세상을 창조하는 데 우리의 영혼이 얼마나 끊임없이 관여하는지,

이것만큼 간단하고 쉽게 발견할 수 있는 방법은 어디에도 없다.

우리와 자연 속에서 작용하고 있는,

나뉘지 않은 신성은 동일한 것이기 때문이다.

데미안

왜 슬픈 탄식을 명랑하게 들어서는 안 되는 거지?
왜 웃음 대신 슬픔으로 답해야 하는 거냐고.
자네가 걱정과 부담감을 안고 나를 찾아온 것을 보면,
우리의 명랑성이 어느 정도 관련이 있다고 결론지어도 되겠지.

자네의 슬픔과 어려움을 함께하지 않으려 하고
그것에 전염되지 않으려 한다고 해서,
내가 자네의 심정을 인정하지 않거나
진지하게 생각하지 않는다는 뜻은 아니네.

유리알 유희

우리는 역사의 한 부분이고,
역사 속에서 만들어진 존재이며,
생성과 변화의 능력을 상실하면
사망선고를 받게 된다는 것을 잊고 있습니다.

우리는 우리 자체가 역사이며,
세계사와 세계사 속에서
우리의 위치에 연대 책임이 있습니다.

유리알 유희

'깨달음'에서 중요한 것은 진리와 지식이 아니라,

현실과 현실세계의 체험,

그리고 그것을 견디며 살아내는 일이다.

깨달음을 얻었을 때 사람들은 어떤 일의 핵심이나 진리에

가까이 다가가는 것이 아니라,

그 일과 그 일에서 지금 자신의 위치를 파악하고

수행하며 견딜 뿐이다.

사람들은 그때 어떤 법칙을 발견하는 것이 아니라

결단을 하게 되며,

세상의 중심이 아니라 자신의 중심에 이르게 되는 것이다.

유리알 유희

싯다르타에게는 한 가지 목표밖에 없었다.

그것은 모든 것을 비우는 일이었다.

갈증으로부터 벗어나고, 꿈으로부터 벗어나고,

기쁨과 번뇌로부터 벗어나 자신을 비우는 것이었다.

자신을 남김없이 없애버리는 것,

자아로부터 벗어나 나 자신이 아닌 상태로 되는 것,

마음을 비워내고 평정심을 찾는 것,

자아를 버리고 경이로움에 마음을 여는 것,

그것이 그의 목표였다.

싯다르타

도덕주의자가 될 필요는 없답니다!
자신을 다른 사람들과 비교해서는 안 돼요.
자연이 당신을 박쥐로 창조했다면
타조가 되려고 해서는 안 된다는 말이에요.

당신은 이따금 자신이 별났다고 생각하지요.
그리고 대부분의 사람들과는 다른 길을 간다고 자책해요.
그런 생각은 그만둬야 합니다.
불을, 구름을 바라봐요.
예감이 떠오르고 당신의 영혼의 목소리가
들려오기 시작할 거예요.

그 소리에 자신을 맡겨봐요.

데미안

태어난다는 것은 언제나 힘든 일이에요.

당신도 알고 있잖아요.

새가 알에서 나오려면 투쟁해야 한다는 것을요.

그걸 생각하며 스스로에게 질문해보세요.

'그 길이 그렇게 어려웠나? 힘들기만 했던가?

아름답기도 하지 않았던가?' 하고 말이에요.

당신은 그보다 더 아름답고 더 쉬운 길을 알고 있었을까요?

데미안
201

영혼의 본질은 영원함이다.
우리는 영혼의 본질을 모르지만
사랑의 힘, 창조의 힘으로 느낄 수 있다.

데미안

깨달은 인간에게는 한 가지 의무만이 존재한다.
자기 자신을 찾고, 그 안에서 단단해지는 것,
어디로 향하든 자신만의 길을 더듬어 나아가는 것이다.

… 모든 이에게 진정한 소명은 오직 하나,
자기 자신에게 이르는 것이다.
… 소명의 책무란 자기 마음대로가 아닌
자신만의 운명에 따라 온전하게 살아내는 것이다.

데미안

평화라는 것이 있기는 하지만,

우리 마음속에 자리잡고 우리 곁을 떠나지 않는

그런 평화는 존재하지 않네.

이 세상에는 끊임없이 싸워서 쟁취하는 평화,

매일매일 새롭게 얻어내야만 하는 그런 평화만 존재하지.

… 자네는 그저 내가 자네보다 기분에 덜 동요되는 것만 보고

내가 평화롭다고 생각하는 거네.

하지만 그렇게 보이는 모습도 투쟁을 통해 얻어지는 것이라네.

자네의 삶과 마찬가지로,

제대로 된 모든 삶이 그렇듯이

투쟁과 희생을 통해 얻어지는 것이네.

나르치스와 골드문트

자신의 꿈을 찾아야 해요.

그러면 그 길은 쉬워져요.

하지만 언제까지고 영원히 계속되는 꿈이란 없어요.

새로운 꿈으로 교체되니까요.

그 어떤 꿈도 붙잡아두려 해선 안 돼요.

나는 가끔 열쇠를 찾아내

내 자신의 내면 깊은 곳으로 들어간다.

그곳엔 운명의 형상들이 어두운 거울 속에 잠들어 있다.

검은 거울 위로 몸을 숙이면

데미안과 꼭 닮은 내 모습이 보였다.

나의 친구이자 인도자인

데미안과 꼭 닮은 내가.

데미안

그대를 날게 한 도약은 우리 모두가 가지고 있는
위대한 인류의 자산입니다.
그건 모든 힘의 뿌리에 연결되어 있는 듯한 느낌이지요.
하지만 어떤 면에서는 두렵기도 하지요.
엄청나게 위험하거든요!
그래서 대부분의 사람들은 날기를 포기하고
법 규정에 따라 인도로 걷는 것을 택하는 거예요.
하지만 그대는 그렇지 않군요.
강한 젊은이답게 계속 날고 있어요.

보세요, 그대는 놀라운 사실을 발견하고 있어요.
그대를 끌어당기는 거대하고 보편적인 힘을,
작지만 섬세한 자신만의 힘으로
천천히 능숙하게 통제할 수 있다는 것을요.

신에 대한 사랑이 선한 존재에 대한 사랑과
반드시 일치하지는 않아.
그렇게 간단한 문제라면 얼마나 좋겠니!
너도 알겠지만, 어떤 것이 선한지는 계율에 적혀 있어.
하지만 신은 계율 안에만 존재하는 게 아니야.

계율은 신의 아주 작은 일부일 뿐이야.
계율을 잘 지킨다고 해도 신에게서 멀어질 수 있다는 말이야.

나르치스와 골드문트

죽음에 대항했던 것은

강렬하고 기이했던 체험이었다.

자신이 작고 초라하고

위협당하고 있다는 것을 알면서도

마지막 남은 힘을 다해

죽음에 맞서 절망스러운 싸움을 할 때

아름답고도 지독한

생명의 힘과 끈질김을 느꼈던 것이다.

그 체험은 그의 마음속에 깊은 여운을 남겼다.

나르치스와 골드문트

나는 누구도 자연을 이해하고 있지 않으며,
아무리 알아내려고 해도 수수께끼만 발견할 뿐
오히려 슬퍼질 것이라고 답했다.

햇살 아래 서 있는 나무, 바람에 깎인 돌, 동물, 산 -
그들은 각자의 삶과 역사를 갖고 있다.
그들은 살고 견디고 저항하고 즐기고 죽어가지만,
우리는 그것을 이해하지 못한다.

페터 카멘친트

진심 어린 기도와

마음 깊이 우러나오는 관심은

아주 먼 곳까지

영향을 미치는 법이다.

수레바퀴 아래서

환희는 젊은 사랑의 힘이 승리했음을 의미하고
강렬한 삶에 대한 예감을 의미했다.

고통은 아침의 평온함이 깨지고
유년 시절의 땅에서 영혼이 떠났으며,
이제 그것을 다시 찾을 수 없음을 의미했다.

그들의 가벼운 조각배는 첫 난파의 위험을 간신히 피했지만,
새로운 폭풍우와 심연과 위험한 골짜기가 있는 곳으로 휩쓸려갔다.

지금껏 안전한 삶으로 인도 받았던 젊은이라 해도
이제부터는 스스로의 힘으로 길을 찾아 나와야 하는 것이다.

수레바퀴 아래서

자연이 창조한 인간은 종잡을 수 없고
속을 들여다볼 수 없는 위험한 존재다.
미지의 산에서 쏟아져 내려오는 강이며,
길도 질서도 없는 원시림이다.

그 이후로 나는 많은 스승들을 섬겼어.
아름다운 기생이 오랫동안 나의 스승이 되어주었고,
어느 부유한 상인이 나의 스승이었으며,
노름꾼 몇 명도 나의 스승이었네.
한때는 방랑하던 젊은 불자가 나의 스승이 된 적도 있었는데,
그는 순례하던 걸음을 멈추고
숲속에 잠들어 있는 내 곁을 지켜주었지.
나는 그에게 배웠고 또 아주 많이 고마워하고 있네.
하지만 무엇보다도 이 강으로부터,
그리고 내가 뱃사공을 하기 전에
이 일을 하던 바수데바에게 가장 많은 것을 배웠다네.

바수데바, 그는 소박한 사람이었지.
사상가는 아니었지만,
고타마에 못지않게 필연적인 이치들을 잘 알고 있었네.
그는 완전한 자였으며 성자였다네.

싯다르타

우리가 살아가고 있는 삶의 한가운데에서,
이렇게 지나친 만족 속에서,
이렇게 시민적이고 정신을 상실한 시대 속에서,
이런 건물과 돈벌이와 정치와 이런 사람들 속에서
신의 증거를 발견하기란 어려운 일이지!

이 세상의 목적에 동조하지 않고
이곳의 기쁨에 아무런 감흥이 없는 내가
어떻게 세상 한가운데의 황야의 이리,
남루한 은둔자가 되지 않을 수 있겠는가!

황야의 이리

데미안은 우리가 숭배하는 신이란

임의적으로 나뉜 절반의 세계의 신이라고 말했다.

(그것이 공식적으로 허락된 '밝은' 세계다.)

그러나 사람들은 모든 세계를 숭배할 수 있어야 하기에

신인 동시에 악마인 신을 갖거나,

신에 대한 예배와 악마에 대한 예배를

나란히 올려야 한다고 했다.

신인 동시에 악마인 아브락삭스가 바로 그 신이었다.

데미안

231

나는 오직 네 모습 그대로의 너를 필요로 했다.

… 너는 나를 대신하여 방랑했고,
안주하여 사는 사람들에게
자유에 대한 향수를 조금이나마 일깨워주었다.
나를 대신하여 너는 어리석은 짓을 했고 조롱을 받았다.
네 안에서 나도 조롱받았고
네 안에서 나도 사랑받았던 것이다.

너는 나의 자녀이고 형제이며 나의 일부다.
나는 너와 함께 모든 것을 겪었고 견뎠다.

크눌프

내가 간직하고 싶은
헤세의 문장

헤세의 문장에서 가슴에 품고픈 글귀를 적다보면
어느새 자신을 발견하고 길을 찾게 되지 않을까.

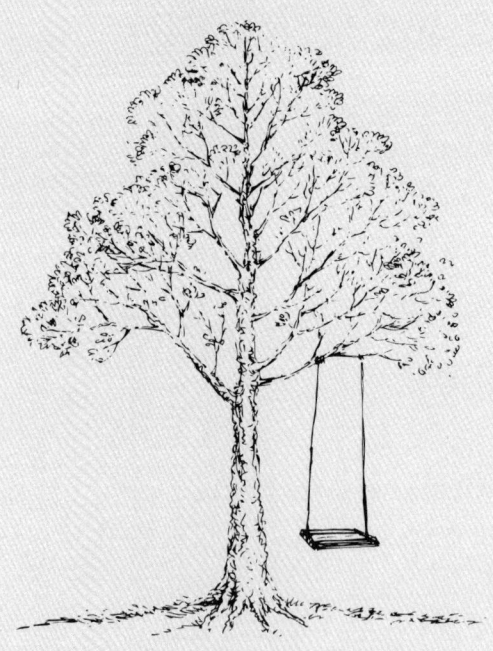

내가 간직하고 싶은 헤세의 문장

내가 간직하고 싶은 헤세의 문장

내가 간직하고 싶은 헤세의 문장

내가 간직하고 싶은 헤세의 문장

내가 간직하고 싶은 헤세의 문장

내가 간직하고 싶은 헤세의 문장

내가 간직하고 싶은 헤세의 문장

내가 간직하고 싶은 헤세의 문장

이 책에 실린 헤세의 작품들

《페터 카멘친트Peter Camenzind》 1904, 헤세의 첫 소설

《수레바퀴 아래서Unterm Rad》 1906, 어린 시절의 아픔을 담은 자전적 소설

《게르트루트Gertrud》 1910, 언어의 아름다움을 느낄 수 있는 음악 소설

《로스할데Roßhalde》 1914, 고통과 좌절을 넘어 예술가적 자각에 이르는 치열한 투쟁의 기록

《크눌프Knulp, Drei Geschichten aus dem Leben Knulps》 1915, 모든 탐욕과 집착을 버린 인생에 대한 성찰을 담은 소설

《데미안Demian, Die Geschichte von Emil Sinclairs Jugend》 1919, 헤세가 남긴 최고의 성장소설

《클링조어의 마지막 여름Klingsors letzter Sommer》 1920, 예술에 대한 열정으로 정신적 죽음을 넘어선 자전적 소설

《싯다르타Siddhartha, Eine indische Dichtung》 1922, 인도 여행의 경험을 통해 진정한 구도자의 삶을 표현한 소설

《황야의 이리Der Steppenwolf》 1927, 한 개인의 자아 성찰 과정과 현대 사회의 문제를 비판적으로 그려낸 소설

《나르치스와 골드문트Narziß und Goldmund》 1930, 지성과 감성, 종교와 예술로 대비되는 두 인물의 사랑과 우정을 그려낸 소설

《유리알 유희Das Glasperlenspiel》 1943, 욕망과 금욕, 혼돈과 질서, 삶과 죽음, 동양과 서양, 선과 악의 문제들을 해결해가는 과정을 담아낸 1946년 노벨문학상 수상작

헤르만 헤세 연보

1877 7월 2일 독일 남부 뷔르템베르크 주의 칼프에서 태어났다. 외할아버지 헤르만 군데르트는 인도에서 활동하던 선교사였으며 인도학 학자였다. 아버지 요하네스 헤세 Johannes Hesse도 인도에서 선교사로 활동했으며, 귀국한 후 칼브출판협회에서 헤르만 군데르트의 조수로 일했다. 전 남편과 사별한 마리 군데르트 Marie Gundert와 결혼해 헤르만 외에 아델레, 파울, 게르트루트, 마리, 한스를 낳는다.

1881~1886 부모와 함께 스위스 바젤로 이주한다. 아버지는 바젤 선교단에서 교사 생활을 한다. 발트 지방 출신으로 러시아 시민권을 소지하고 있던 아버지가 1883년 스위스 국적을 취득한다.

1886~1889 다시 고향 칼프로 돌아온다. 그곳에서 실업학교에 입학해 1889년까지 다닌다.

1890~1891 튀빙겐 신학교에서 무상 교육을 받을 수 있는 뷔르템베르크 주 시험을 준비하기 위해 괴핑겐에 있는 라틴어 학교에 입학한다.
시험 자격을 얻으려면 스위스 시민권을 포기해야 했기에, 헤세 혼자 스위스 시민권을 포기하고 뷔르템베르크 시민권을 취득한다.

1891 뷔르템베르크 주 시험에 합격하고, 명문 개신교 신학교이자 수도원인 마울브론 신학교에 입학한다.

1892 6개월 만에 마울브론 신학교를 도망쳐 나온다. 부모는 헤세를 바트 볼에 사는 크리스토프 블룸하르트 Christoph Blumhardt 목사의 병원으로 보내지만 그곳에서 자살을 기도한다. 다시 슈테텐의 정신병원에서 3개월간 요양한다.

1892~1893 슈투트가르트 근교에 있는 바트 칸슈타트 김나지움(독일의 전통적 중등 교육)에 입학해 1년간 다니지만, 중등학교 자격시험을 치른 후 학업을 중단한다. 에슬링겐에서 서점 점원으로 며칠간 일하다 그만둔 후 아버지의 일을 돕기 시작한다.

1894~1895	칼프의 페로트 탑시계 부품공장에서 견습공으로 일을 배운다.
1895~1898	튀빙겐의 헤켄하우어 서점에서 견습 점원으로 일하며 서적 분류하는 일을 돕는다.
1898	첫 시집 《낭만적인 노래들Romantische Lieder》을 발표한다.
1899	9월에 스위스 바젤로 이주해 1901년까지 라이히 서점에서 조수로 근무한다. 첫 시집 《낭만적인 노래들》이 피에르존 출판사에서 출간되고, 산문집 《한밤중 이후의 한 시간Eine Stunde hinter Mitternacht》이 디더리히스 출판사에서 출간된다.
1900	스위스 일간지 〈알게마이네 슈바이처 차이퉁〉에 기고문과 서평을 쓰기 시작한다.
1901	첫 번째 이탈리아 여행(플로렌스, 제노바, 베니스 등)을 한다. 1903년까지 바젤의 바텐빌 고서점에서 점원으로 근무한다. 가을에 《헤르만 라우셔의 유작과 시Hinterlassene Schriften und Gedichte von Hermann Lauscher》가 바젤의 라이히 출판사에서 출간된다.
1902	그로테 출판사에서 《시집Gedichte》이 출간되고, 그 직후 어머니가 세상을 떠난다. 9월에 칼프에서 《수레바퀴 아래서Unterm Rad》를 집필하기 시작한다.
1903	서점 일을 그만두고 마리아 베르누이Maria Bernoulli와 두 번째 이탈리아 여행길에 오른다. 5월에 마리아 베르누이와 약혼한다. 피셔 출판사로부터 작품 집필을 의뢰받고 소설 《페터 카멘친트Peter Camenzind》를 완성한다.
1904	피셔 출판사에서 《페터 카멘친트》가 출간되고 작가로서 처음으로 큰 성공을 거둔다. 이 작품으로 빈 농민상을 수상한다. 아홉 살 연상인 마리아 베르누이와 결혼식을 올리고 보덴 호수 근교의 가이엔호펜으로 이주해 그곳에서 문학에 전념하며 많은 예술가들과 친분을 맺는다. 여러 일간지와 잡지에 글을 기고하고, 소설 《보카치오Boccaccio》와 《아시시의 프란체스코Franz von Assisi》를 출간한다.

1905	12월에 장남 브루노Bruno가 태어난다. 오스트리아의 문학상 바우어른펠트 상을 수상한다.
1906	자전적인 요소가 많은 《수레바퀴 아래서》를 피셔 출판사에서 출간한다. 빌헬름 2세의 권위에 반대하며 자유주의 노선을 취한 진보적인 잡지 《3월März》의 공동 발행인이었으며, 1912년까지 공동 편집자로 활동한다.
1907	중단편 소설집 《이편에서Diesseits》가 피셔 출판사에서 출간된다. 가이엔호펜에 직접 집을 지어 이사한다.
1908	중단편집 《이웃들Nachbarn》을 출간한다.
1909	3월에 차남 하이너Heiner가 태어난다. 취리히, 독일, 오스트리아로 강연 여행을 한다.
1910	뮌헨의 랑겐 출판사에서 소설 《게르트루트Gertrud》가 출간된다.
1911	7월에 셋째 아들 마르틴Martin이 태어난다. 뮐러 출판사에서 시집 《도중에Unterwegs》가 출간된다. 9월부터 12월까지 친구인 화가 한스 슈투르체네거Hans Sturzenegger와 인도와 동남아시아를 여행지만, 실망감과 병든 몸을 이끌고 돌아온다
1912	피셔 출판사에서 단편집 《돌아가는 길들Umwege》이 출간된다. 가족들과 함께 스위스 베른으로 이주한다.
1913	인도 여행 경험을 바탕으로 쓴 《인도에서Aus Indien》가 피셔 출판사에서 출간된다.
1914	피셔 출판사에서 소설 《로스할데Roßhalde》가 출간된다. 스위스 국적을 신청했으나 거부당한다. 7월에 제1차 세계대전이 발발해 자원입대했으나, 시력 문제로 복무 부적격 판정을 받아 베른 주재 독일 공사관에 배치된다. 그곳에 설치된 독일 전쟁 포로 후생사업소에

서 일하며 프랑스와 영국, 러시아, 이탈리아 등지에 있는 수십만 전쟁포로들을 위한 〈독일 억류자 신문〉의 공동 발행인, 《독일 전쟁 포로를 위한 책》, 《독일 전쟁 포로를 위한 일요일 전령》의 발행인을 맡는다.

1914~1919 독일과 스위스, 오스트리아의 신문 잡지에 반전 내용의 정치적인 논평과 경고문 등을 발표한다.

1915 피셔 출판사에서 단편집 《길에서Am Weg》와 소설 《크눌프, 크눌프 삶에 관한 세 가지 이야기Knulp, Drei Geschichten aus dem Leben Knulps》가 출간된다.
오이겐 잘처 출판사에서 신작 시집 《고독한 자의 음악Musik des Einsamen》을 출간한다.

1916 3월 아버지 요하네스 헤세가 사망한다. 정신분열 증세를 보이기 시작한 아내 마리아와 중병에 걸린 막내아들 마르틴으로 인해 헤세도 신경쇠약에 시달리게 된다. 이 때문에 루체른 근처에 있는 존마트 요양소에서 정신분석학자 융Jung의 제자인 랑Lang 박사로부터 정신과 치료를 여러 차례 받는다.
단편 《청춘은 아름다워라Schön ist die Jugend》를 출간한다.

1917 시대 비판적 출판을 하지 말라는 경고를 받고, 에밀 싱클레어라는 가명으로 신문과 잡지를 출간한다. 이 해에 자화상을 집중적으로 그리게 된다.

1919 정치평론집 《차라투스트라의 귀환, 어느 독일인이 독일 젊은이들에게 보내는 한마디 말Zarathustras Wiederkehr, Ein Wort an die deutsche Jugend von einem Deutschen》을 익명으로 발표했다가 이듬해 베를린에서 실명으로 출간한다.
4월에 가족과 헤어져 스위스의 테신 주의 몬타뇰라로 거처를 옮겼고, 삶의 위기를 극복하기 위한 수단으로 그림을 독학해 본격적으로 수채화를 그리기 시작한다.
피셔 출판사에서 《데미안, 어떤 청춘의 이야기Demian, Die Geschichte von Emil Sinclairs Jugend》가 에밀 싱클레어라는 가명으로 출간된다. 이 작품이 호평을 받아 신인작가에게 수여되는 폰타네 문학상에 선정되었으나 반려한다. 9판부터 저자의 실명을 밝힌다. 이 외에 단편집 《작은 정원Kleiner Garten, Erlebnisse und Dichtungen》, 《환상동화집Märchen》을 출간한다.

1919~1922	리하르트 볼테렉Richard Woltereck과 함께 〈생명의 절규Vivos voco〉라는 잡지를 발간한다.
1920	베른의 젤트빌라 출판사에서 색채 소묘와 함께 10편의 시가 담긴 시집 《화가의 시Gedichte des Malers》를 출간한다. 수채화를 곁들인 시화집 《방랑Wanderung》, 세 편의 단편을 모은 소설 《클링조어의 마지막 여름Klingsors letzter Sommer》이 피셔 출판사에서 출간된다. 이 시기에 정신적 안정을 위해 수채화를 많이 그린다.
1921	《시선집Ausgewählte Gedichte》을 출간한다. 창작의 위기에 빠져 융에게 정신분석 치료를 받는다. 《테신에서 그린 11점의 수채화Elf Aquarelle aus dem Tessin》라는 화집을 출간한다.
1922	'인도의 시'라는 부제가 붙은 소설 《싯다르타Siddhartha, Eine indische Dichtung》가 피셔 출판사에서 출간된다. 빈터투르에서 헤세의 수채화가 전시된다.
1923	스위스 라셔 출판사에서 산문집 《싱클레어의 비망록Sinclairs Notizbuch》을 출간한다. 별거 중이던 첫 번째 부인 베르누이와 이혼하고, 취리히 근방의 바덴에서 요양을 시작한다.
1924	스위스 여류 작가 리자 벵거의 딸인 루트 벵거Ruth Wenger와 결혼한다. 스위스 국적을 재취득했으며, 취리히 근처의 바덴에 있는 온천에서 요양하기 시작하여 1951년까지 그곳에서 연말을 보낸다.
1925	피셔 출판사에서 《요양객Kurgast》을 출간한다. 이 해부터 피셔 출판사에서 단행본으로 된 헤세 전집을 출간하기 시작한다. 베를린에서 50점의 수채화가, 드레스덴에서는 100점의 수채화가 전시된다. 뮌헨에서 토마스 만을 방문한다.
1926	독일 프로이센 예술원 문학 분과 국제위원으로 선출된다. 자연에 대한 감상과 기행문집 《그림책Bilderbuch》이 피셔 출판사에서 출간된다.

여류 예술사가 니논 돌빈Ninon Dolbin과 사귄다.

1927   산문집 《뉘른베르크의 여행Die Nürnberger Reise》과 《황야의 이리Der Steppenwolf》가 피셔 출판사에서 출간된다. 50회 생일 기념으로 후고 발Hugo Ball이 쓴 자서전 《헤르만 헤세, 그의 생애와 작품》이 출간된다.
두 번째 부인 루트 벵거의 요구로 합의 이혼한다.

1928   산문집 《관찰Betrachtungen》과 시집 《위기, 한 편의 일기Krisis, Ein Stück Tagebuch》를 출간한다. 빈 실러 재단의 메이스트리크 상을 수상한다.

1929   시집 《밤의 위로Trost der Nacht》와 산문집 《세계 문학 총서Eine Bibliothek der Weltliteratur》가 출간된다.

1930   장편소설 《나르치스와 골드문트Narziß und Goldmund》가 피셔 출판사에서 출간되고, 단편집 《이편에서》 증보판이 출간된다.
독일 프로이센 예술원을 탈퇴한다.

1931   나논 돌빈과 결혼한 후 몬타뇰라의 카사 로사로 옮겨가 평생 그곳에서 거주한다. 《싯다르타》, 《어린이의 영혼》, 《클라인과 바그너》 그리고 《클링조어의 마지막 여행》을 한데 엮은 《내면으로의 길Weg nach Innen》을 출간한다. 소설 《유리알 유희Das Glasperlenspiel》의 집필을 시작한다.

1932   산문집 《동방순례Die Morgenlandfahrt》가 피셔 출판사에서 출간된다.

1933   단편집 《작은 세계Kleine Welt》가 출간된다.

1934   시선집 《생명의 나무에서Vom Baum des Lebens》가 출간된다. 문학 계간지 〈노이에 룬트샤우Neue Rundschau〉에 《유리알 유희》를 발표하기 시작한다.
페터 주어캄프Peter Suhrkamp가 피셔 출판사와 함께 〈노이에 룬트샤우〉지를 인수한다.

1935	중단편집 《우화집 Fabulierbuch》이 출간된다. 동생 한스가 자살한다.
1936	스위스 최고 권위의 문학상인 고트프리트 켈러 문학상을 수상한다. 목가적인 시집 《정원에서 보낸 시간 Stunden im Garten》이 피셔 출판사에서 출간된다. 명맥을 유지하고 있던 피셔 출판사의 대표인 페터 주어캄프를 처음으로 만난다.
1937	산문집 《기념첩 Gedenkblätter》과 시집 《신 시집 Neue Gedichte》, 《다리를 저는 소년 Der lahme Knabe》을 출간한다.
1939~1945	제2차 세계대전이 발발하고 본격화되면서, 나치스의 탄압으로 헤세의 작품들이 출판이 금지된다. 《수레바퀴 아래서》, 《황야의 이리》, 《관찰》, 《나르치스와 골드문트》의 재판이 인쇄되지 못하는가 하면, 1942년에는 《유리알 유희》의 인쇄가 금지된다.
1942	최초의 시 전집 《시집 Gedichte》이 스위스 취리히에서 출간된다. 주어캄프와 합의해 헤세 전집을 스위스의 프레츠 & 바스무트 출판사에서 단행본으로 계속 발간하기로 한다.
1943	제2차 세계대전이 한창일 무렵, 《유리알 유희》가 프레츠 & 바스무트 출판사에서 출간된다.
1944	나치스의 비밀경찰이 헤세 작품을 출판하던 출판사 대표인 페터 주어캄프를 체포한다.
1945	시선집 《꽃 핀 가지 Der Blütenzweig》와 1907년에 쓰여진 미완성 소설 《베르톨트 Berthold》, 동화집 《꿈의 여행 Traumfährte》이 프레츠 & 바스무트 출판사에서 출간된다.
1946	마지막 역작인 《유리알 유희》로 노벨 문학상과 프랑크푸르트 시의 괴테문학상을 동시에 수상한다. 프레츠 & 바스무트 출판사에서 정치평론집 《전쟁과 평화, 전쟁과 정치에 대한 수상집 Krieg und Frieden, Betrachtungen zu Krieg und Politik》을 출간한다. 헤세의 작품이 다시 독일에서 출판될 수 있게 된다.

| 1947 | 베른 대학의 철학부에서 명예 문학박사 학위를 받는다.
고향 칼프 시의 명예시민이 된다. |

| 1950 | 브라운슈바이크 시가 수여하는 빌헬름 라베 상을 수상한다. |

| 1951 | 《후기 산문Späte Prosa》과 《서간집Brief》이 출간된다. |

| 1952 | 독일과 스위스에서 탄생 75주년을 기념해 행사가 열린다.
주어캄프 출판사에서 《헤세 문학 전집》이 6권으로 출간된다. |

| 1954 | 산문집 《픽토르의 변신Piktors Verwandlungen》이 주어캄프 출판사에서 출간된다. 롤랑과 주고받은 서신을 모은 《헤르만 헤세와 로맹 롤랑의 서한집Briefwechsel, Hermann Hesse-Romain Rolland》이 출간된다. |

| 1955 | 독일 출판협회의 평화상을 수상한다.
후기 산문집 《마법Beschwörungen》이 출간된다. |

| 1956 | 바덴 뷔르템베르크 지방의 독일 예술후원회가 헤르만 헤세 문학상을 위한 재단을 설립한다. |

| 1957 | 탄생 80회 기념사업으로 이미 간행된 《헤세 전집》을 증보해 《헤세 전집》 전 7권이 출간된다.
80회 생일을 기념해 마르바흐의 실러 국립박물관에서 수채화 전시회가 개최된다. |

| 1961 | 주어캄프 출판사에서 시선집 《단계Stufen》가 출간된다. |

| 1962 | 몬타뇰라의 명예시민이 된다.
바이블러가 쓴 헤세의 전기 《헤르만 헤세, 한 편의 전기Hermann Hesse, Eine Bibliographie》가 출간된다.
8월 9일, 85세를 일기로 몬타뇰라에서 뇌출혈로 삶을 마감하고 성 아본디오 묘지에 안치된다. |

편역 김빛나래
한국외국어대학교 독일어과를 졸업하고 서울대학교 독문과에서 문학석사 학위를 받았습니다. 헤세의 문장들을 옮기며 잊고 있던 진정한 나에 대해 다시 고민하게 되었습니다. 독자분들이 자신을 찾아가는 여정에 헤세가 좋은 길동무가 되기를 바랍니다.

거장의 문장들
꼭 한번 따라 쓰고 싶은 헤세의 문장들
헤세처럼

1판 1쇄 발행 2021년 11월 15일
개정판 1쇄 발행 2025년 9월 5일
—

편역 김빛나래
—

펴낸이 김은중
편집 허선영 디자인 김순수
펴낸곳 가위바위보
출판 등록 2020년 11월 17일 제 2020-000316호
주소 경기도 부천시 소향로 25, 511호 (우편번호 14544)
전화 070-4242-5011 팩스 02-6008-5011 전자우편 gbbbooks@naver.com
네이버블로그 gbbbooks 인스타그램 gbbbooks 페이스북 gbbbooks
—

ISBN 979-11-92156-46-0 03850

* 책값은 뒤표지에 있습니다.
* 이 책의 내용을 사용하려면 반드시 저작권자와 출판사의 동의를 얻어야 합니다.
* 잘못된 책은 구입처에서 바꿔 드립니다.

가위바위보 출판사는 나답게 만드는 책, 그리고 다함께 즐기는 책을 만듭니다.